여자만의 달과 지리산 칸타타

여자만의 달과 지리산 칸타타

시산맥 시혼 045

초판 1쇄 인쇄 | 2024년 09월 01일
초판 1쇄 발행 | 2024년 09월 10일

지은이 박재홍
펴낸이 문정영
펴낸곳 시산맥사
편집주간 김필영
편집위원 신정민 최연수
등록번호 제300-2013-12호
등록일자 2009년 4월 15일
주소 03131 서울특별시 종로구 율곡로 6길 36. 월드오피스텔 1102호
전화 02-764-8722, 010-8894-8722
전자우편 poemmtss@naver.com
시산맥카페 http://cafe.daum.net/poemmtss

ISBN 979-11-6243-505-2 03810 (종이책)
ISBN 979-11-6243-506-9 05810 (전자책)

값 12,000원

한국장애인문화예술원
Korea Disability Arts & Cutum Center

* 이 책은 한국장애인문화예술원의 후원을 받아 2024년 장애예술 활성화 지원사업의 일환으로 발간되었습니다.
* 이 책은 전부 또는 일부 내용을 재사용하려면 반드시 저작권자와 시산맥사의 동의를 받아야 합니다.
* 이 책은 교보문고와 연계하여 전자북으로 발간되었습니다.
* 본문 페이지에서 한 연이 첫 번째 행에서 시작될 때에는 〈 표기를 합니다.
* 저자의 의도에 따라 작품의 보조 동사와 합성 명사는 띄어쓰기가 달라질 수 있습니다.

여자만의 달과 지리산 칸타타

박재홍 시집

| 시인의 말 |

　시(時)를 죽을힘을 다해 쓸 때는 몰랐던 것을 숨이 경각에 이르고서야 시(詩)가 간절해졌습니다. 너저분한 생을 '잇는다'라는 것이 혼자만의 일이 아님을 그제야 배웠습니다. 이번 시집은 자칫 유고 시집이 될 뻔하였습니다. 사무실서 쓰러져 코마(coma) 상태로 응급실로 이송되어 10여 일 동안 중환자실에서 일반병동에 옮겨지고 그 후로 퇴원에 이르기까지 박지영 시인과 딸 이서정의 도움이 컸습니다. 저의 두 아들도 처음으로 저의 보호자가 되었습니다. 그뿐만 아니라 퇴원 후 재활을 위해 前 대전대학교 천안한방병원장 이상용 원장님의 도움도 컸습니다.

　저간의 사정으로 인하여 작품집 발간 계획에 차질이 빚어진 것도 사실입니다. 「여자만의 달과 지리산 칸타타」는 처음에 연작시 의뢰가 들어왔습니다. 연작시를 칸타타 형식의 합창곡으로 작곡하기 위해서라고 하였습니다. 작품을 완성해 납품하고 나서 정작 문제는 작품이 완성되어 납품하고서도 시가 멈추질 않는 것이었습니다. 좁은 소견에 생각하기를 "시와 음악은 불립문자(不立文字)이거나 동성상응(同聲相應)하는" 것이니 멈추지 않고 쓰여 공모에 선정되어 75편의 시를 한 권의 작품집으로 발간하게 된 것입니다.

　유난하게 산고를 겪는 이번 시집은 원고를 완성하고도 맘에 들지 않아 75편 중 70여 편의 시를 다시 썼습니다. 처음 있는 일이기도 하여 저도 당황스러웠습니다. 평론해 주시기 위해 기다리시는 김종회 교수님에게도 기한을 지키지 못해 결례를 범한 것도 사실입니다. 그리고 어찌 됐든 2개월의 장고 끝에 악수를 두어 나오게 되었습니다. 또, 이 자리를 빌려 시산맥사의 문정영 대표님께도 그간의 도움에 감사를 드립니다. '덕분입니다' 그리고 독자제현(讀者諸賢)에도 간절한 시심으로 다가설 테니 부디 공명하길 바라는 마음 간절합니다.

갑진년 여름 『오헌시서화루(梧軒詩書畫樓)』에서
박재홍 拜

■ 차례

1부

노을의 소이부답(笑而不答)	19
개운산 동화사 뒤꼍 동백림	20
계영배	21
살다 간 자리	22
사랑은 그런 것이다	24
누구라고 말은 안 하지만	26
그것이 뭐라고	27
허기진 자들의 믿음	28
물꽃 틔우는 사발을 보며	29
탁발 중에 다다른 여자만	30
자다 깨다 듣던 말	31
새벽비	32
군상	33
감꽃 지던 날	34
곡우	35

2부

서사(敍事)	39
빈집	40
산방(山房)	41
마을 어귀	42
여자만(汝自灣)1	43
별래무양	44
매미	45
여행	46
하늘에 달이 두 개	47
어리굴젓	48
물때를 기다리며	49
겨울과 봄 사이	50
대포리	51
외눈박이	52
가피(加被)	53

3부

망아불(忘我佛)	57
초파일	58
여자만의 달과 지리산 칸타타	59
녹동 박 선장(船檣)	60
기억의 조사(弔謝)	61
한심한 날이면	62
발목이 참 고운 하루	63
행간(行間)	64
선서(善逝)	65
내리사랑	66
달마중	67
염분(鹽分)	68
지리산	69
메리 크리스마스 엄마	70
소라게	71

4부

살구꽃	75
장 달이는 날	76
등대	77
동백섬	78
화두 꼬리	79
추도식	80
부질없이 비를 맞고 있었네	81
겨울 산허리	82
마루에 걸터앉아	83
시학(詩學)	84
객담	85
세기말적 울음	86
객지	87
청자(靑瓷)	88
여자만(汝自灣)2	89

5부

달마중2	93
님의 침묵	94
경계	95
등록금	96
부고(訃告)	97
지리산	98
단풍	99
자성(自省)	100
화엄	101
장애인(障礙人)	102
천석고황(泉石膏肓)	103
시가 차오르지 않을 때	104
하늘에 달이 두 개	105
싸라기 밥	106
불이(不二)	107

해설 | 김종회(문학평론가·한국디지털문인협회 회장) 109

1부

노을의 소이부답(笑而不答)

 노을을 등지고 선 당산나무 뒷짐을 진 채 빙긋이 웃고 정작 마주한 나의 서정(抒情)은 묵묵부답이었습니다 동안거(冬安居)와 하안거(夏安居)를 거듭할수록 탁발에 지친 노스님 바람 가득한 바랑처럼 자맥질하던 시(時)는 한 방울 이슬로 기화(氣化)되었고 별이 돋지 못하는 하늘이 되어 한 편의 시(詩)가 제 속으로 숨어들어 속으로만 울고 있었습니다

개운산 동화사 뒤꼍 동백림

  누군가의 해갈되지 않은 눈물 자국을 더듬는 날이면 날마다 선율처럼 피어나는 노동의 기화 빈 수레를 끌고 가는 굽은 등의 사내 소라게 같은 삶은 지루하고 허름한 뒤축에 매달린 통점이 밀려오는 데 그럴 때면 부슬거리던 비가 빗살무늬로 짙어지고 제석산 복중에 숨은 개운산 동화사 뒤꼍에 동백림 잠이 깰 무렵이면 바람은 딛고선 홀 동백 목을 밟아 꺾고 동박새 혼령이 되어 탁발 떠나며 울겠다

계영배

차오름을 경계하는 과유불급
사이펀 원리를 이해하게 된 계절
이미 7부의 능선을 넘어
가을로 들어서고 있었다

복장유물처럼 불성이 가득한 오늘
강과 바다의 힘을 견디는
벌교천의 품에 사는 실치들

곤붕의 꿈이 몸을 푸는 소화다리 밑
갈대림에 숨어 서성이며
출렁이고 있었다

이데올로기가 매미 소리처럼
잦아들어 미풍 같은
한 편의 시를 웅얼거리고
있다는 것을 알았다

살다 간 자리

 들어선 자리에 살다 간 이들이 보이지 않아 집 나간 자리마냥 허전할 것 같아도 들어선 마당에 망초 순 가득하여 하늘거리면 마음이 진자리보다는 머문 자리가 가득한 법이다

 사람 사는 것이 다 그런 법이지 뭐 있간디 아득한 하루가 지쳐 어둠 깃에 들면 평상에 모깃불을 힘 삼아 찬물에 말은 보리밥과 젓갈 한 첨 집 마당 텃밭 한편 머물고 있던 고춧대에서 빌려 온 고추 두엇이면 허기진 서러움도 멈추던 유년의 이른 저녁의 일이다

 사물이 끝나자 아버지의 넋두리를 들었다 그곳은 괜찮으니 가난에 허기지지도 않고 몸도 아프지도 않고 애달프게 나를 쳐다보지 않아도 괜찮허요 엄니 가시고 무너진 젖무덤처럼 기울은 지붕은 언제 갈지 모르지만 있는 동안은 고향 집에 두 분 쓰시던 물건을 내버려 둘라요

 그 후로 아버지는 아득하여 가슴을 치고 울고 싶을

때 자전거를 타고 훌쩍 가서 서럽게 울다가 오는지 눈가에 눈물 자국도 못 여미고 눈자위는 여자만 바다 위로 썰물이 되어 빠져나가는 신산한 하루가 묻어 있었다

사랑은 그런 것이다

꽃 하나 여물기를 기다리는 시간
가슴에 별이 돋도록 울어야 하는
길지 않은 시간

여자만 바다는 가슴을 열어
길을 내었고
달과 함께 그 길
당신의 집 앞에 닿아 있었지

모두의 꿈이 발화된 씨앗이 되어
봉명동 근처 그늘 속에 숨어
듬성듬성 자라
바람을 지칠 때
공중을 딛고 선 마음 하나
달무리로 자리잡을 무렵
고향 집 마당에
감꽃이 지고 있었다

물 자국도 지우기 어렵게

누군가의 마음 결에 기대어
하염없이 들숨과 날숨으로
직조된 바닷물처럼
스멀거릴 때

사무친 깊은 온기 하나가
싹을 틔우고 있어야 하는데
당신은

사랑은 그런 것이라고 말한다
메주를 띄우는 것처럼
아랫목에서 숙성되기
기다리는 그런 것이다
라고 말한다

누구라고 말은 안 하지만

　맥없이 타작하다 말고 화장실 간 사이 내리는 소낙비에 젖을 때 매년 지나치는 계절의 주기율이 하루나 이틀 사이로 파종에 간섭하다 말고 때를 놓쳐 어이없을 때 사람이 알고도 모르는 척 딴소리를 할 때 속이 타 죽은 나무의 몸을 감고 오르는 능소화 깜박 조는 사이 하늘도 알고 땅도 알며 저도 알고 남도 아는 소리를 자기 부끄러움으로 인해 자다 말고 남의 다리 긁을 때 심성이 보이고 조금 지나면 진실에 그 사람의 일그러진 모습이 보일 때도 나이하고는 상관없다 그럴 때는 입에 담기도 힘들다

그것이 뭐라고

천수천안을 가진 바람 깃을 치는
새벽에 이르러서야
홰를 치는 중에

어둠을 찢는 타종 소리에
세상이 텅 비었다

스스로 목적이 이끄는 삶을
지나간 사람들은
이와 같이 말했다

노력하는 자의 일탈은
첫날은 스스로 알고
둘째 날은 남이 알고
셋째 날은 세상이 안다는데

켜켜이 쌓인 시업(詩業)을
망연자실하고 있으니
어쩔 것이냐

허기진 자들의 믿음

 설핏 밟는 숨이 티눈처럼 걸리는 것은 누구의 탓도 아니다

 내 발이 이리 아플진대 팽이 진 마음은 얼마나 아플까
 허기진 자들의 하루치의 분루가 담겨
 시뻘겋게 눈을 열어 하염없이 허공을 바라다봐도
 그것은 텅 빈 하루 텅 빈 찰나임을 아는 사람 두엇

 이웃의 쓰라린 속을 살피는 중에 성큼 다가서는 계절에
 시름을 얹어 새로이 준비하는 사부대중은 보리싹 같아서

 하늬바람 돌개바람을 타고 팽목항을 지나칠 때 이르기를
 그렇게 잔인한 사월을 지나야
 묵은 체증이 내려가는 날이 온다는데 그 날이
 미륵이 구현하는 세상이라고 믿고 싶습니다

물꽃 틔우는 사발을 보며

오지 않는 길을 가봅니다 검불 날리는 산모롱이
동백 등 뒤로 목을 꺾는 노을 소리에
놀란 새 두엇 홰를 치고 돌아서 가는
뒷모습 멀어지고

어느덧 갑사 가는 길옆을 더듬다 보면
만져지는 부도탑 이끼를 덮고 누운
한 사람의 온기와 시리디시린
눈길을 만납니다

어쩌면 시간을 건너 가슴 뜨뜻한 아랫목 이불을 덮고
엎드려 만화처럼 읽히는 당신의 웃음을
어느 이름 모를 도공이 틔운 사발에 틔운
물꽃을 만나 가슴 설레며
저녁의 그늘 속으로 숨어들었습니다

탁발 중에 다다른 여자만

 초로의 등에 뜨거운 계절의 태양이 마지막 농염을 피워 냅니다 지리산을 향하다 여자만에 들른 현자의 웃음 괭이가 진 삶에서 나온 묵혈이 그리워하는 것은 허기를 메우는 밥물 넘치는 냄새 뒤안에 이른 매화 살 갗이 터져 흥건한 시절의 반추와 돌아서 지리산을 향하자 바루에 물꽃을 틔우는 모성애가 황홀하게 서녘 하늘을 불 지르고 있습니다

자다 깨다 듣던 말

놔둬 제 먹을 거 쥐고 나오는 세상이니 살다 보면 지 속에 구르던 화륜(火輪)도 빈 하늘 아래 걷다 보면 잠 잠한 물길 같은 여울을 만날 테니 어쩌겄어 가끔 길가에 핀 들꽃 웃으며 몸짓하다 보면 바람길 난 어느 언덕 들불 지나간 자리에 검불 날리면 사랑이 하늬바람 타고 날다 어느 한적한 소로에서 떨어져 제짝을 만나 이름 없이 빛나는 한 철 무리 진 이쁜 꽃이 되지 않겄어

말도 마시오 문득 돌아보면 어제인 것을 얼마나 더 사무치게 그리워해야 멈출 것인지 생후 8개월 전에는 장롱을 잡고 까르르 웃으며 아장거리던 때로 멈춰 버린 기억이 어미인 나는 슬프제 왜 안 슬프다요 복장 터질 일이제

열네 살 마루에서 까무룩 잠들다 깨어 듣던 두 분의 대화였다 한참을 어깨깃을 쿨렁거리며 멈춰서 입술을 깨물고 있는데 후드득 떨어지던 감꽃 진 자리에 설익은 감들이 감나무 발치 그늘로 숨고 있었다

새벽비

 선몽 중에 만난 눈물이 다녀 갔나보다 아직 이른 새벽 도시의 어두움은 기름지게 보인다 더디게 오는 것은 고즈넉함 일주문 댓돌 아래 해태처럼 이끼를 덮고 누운 것 떠나는 사람들의 등짐이 가벼워 보일 때 칡꽃 엷게 웃는 산을 오른다 봉당에 땅개처럼 기어오르며 마루를 지탱하고 서서 돌아보는데 감잎, 연둣빛으로 환하게 웃고 있었다

군상

 볏단 위에 지은 새집처럼 좋았어 밥알이 모래알처럼 느껴질 때 봉분에 풀이 자라는 시간의 간극처럼 고명 없는 비빔국수 한 그릇을 대하는 깊은 눈길만으로도 텅 빈 세상을 묵묵히 걸어갈 수 있는 힘이 되었지 담을 넘지 못하는 달은 붉게 물든 파도를 일으키고 있었고 길 위에서 만난 사람들은 서로의 상처를 짐승처럼 핥고 있었다

감꽃 지던 날

아부지 어디 가셨어 순간 맺힌 감똥이 우수수 떨어진다 내가 아냐 니가 아냐 바람처럼 왔다가는 이가 니 아베다 200년 된 감나무 아래에는 감꽃이 이불같이 펼쳐져 있었다 저녁 어스름 속에 개는 주인보다 먼저 저 사랑하는 사람을 반긴다 끙끙대는 소리에 찾던 너 아베 오나 보다 손님처럼 마당에 들어서는 아버지 오른쪽 손에는 갈치 두 손이 흔들리고 있었다 무 넣은 갈칫국에 둘러앉은 상머리에서 '별일 없었지' 소리에 다들 수저를 들고 있었다

곡우

오늘이면 봄은 간다

흙에서 나온 생명은 수분 가득 품고 웃는 날인데
이비인후과에서 후두의 건조함을 치료받았다

우울감에 젖은 사람들은 피어난
생명에 두 발짝 물러서고

흐드러지고 허물어진 담장 아래
잠깐 발길을 멈추었다가
비구의 운명을 타고난 꽃이 되어
텅 빈 세상을 향해 걸음을 옮긴다

가는 오늘에 등 돌릴 일도 없지만
마른 몸 밭은기침처럼 쓸쓸하게 지는
낙안읍성 마지막 놀로 살라
태어난 사발에 담긴
정화수

곡진하게 장독대 위 고요 속에
달마중

2부

서사(敍事)

  기억 속에 사는 너는 열아홉 분을 삭일 수 없어 구천을 떠돌던 혼불처럼 산과 들로 강으로 잇다가 바다에 이른 조악한 일조량에 태어난 미생물 후불탱화 어슴푸레한 웃음이 품속 너를 유년의 울돌목을 감고 휘도는 물길 같은 길을 지우는 중에 사라지는 산모퉁이 애잔한 마음이 풍경처럼 우는 이른 봄 속에서 우중에 떠도는 태동기 흑암 속에서 가나안에 들어서지 못하는 운명 같았다

빈집

 부용산 아래 주인 떠난 지 오래인 집 한 채 문득 들어서 마루기둥에 기대어 헛헛한 햇살에 동상이몽 하는 사이 날이 저물고 손톱만큼 돋아난 시린 달을 보며 부질없이 우는 산을 내려선 바람에 짓무른 눈을 비비며 집을 등지고 나설 무렵 때(時)를 놓친 시절의 그림자 길게 앞서서 가는데 산비둘기 두엇 구구거리며 가슴을 치며 운다

산방(山房)

  온 동네가 눈에 갇힌 적이 있었다 매일 그곳에서 내 이름이 불리는 검은 이야기에 관한 꿈을 꾸었다

  지리산 그늘에 숨은 혼령들 구슬로만 떠도는 풀숲 위로 하얗게 부서진 달 분가루처럼 날리는 이야기 몽글몽글 피어나는 아지랑이 봄

  누가 부르는지 모르는 노래가 산 아래를 향해 스노우 보드처럼 내려선다 그럴 때마다 슈베르트 마왕의 서사가 깃들고

  유년의 기억 속 노을은 진양조장단으로 능선을 타고 휘적이며 걸을 때 취한 아버지에게서 불콰한 술의 취향 전해졌습니다

  등록금 고지서에 꺽꺽 막혔던 목울대가 풀리며 열네 살 나는 축 늘어진 아버지의 옷을 벗기고는 했다

마을 어귀

  수많은 마침표를 찍으며 공중을 타고 내려서는 눈꽃을 품는 바다는 천라지망의 인연과도 같으니 어젯밤 하늘을 수를 놓았던 무수한 사람들의 이야기는 달무리 뒤로 숨고 오늘 하루 드잡이질하는 일상에 매화 한 첨 화들짝 놀래 깨이고 실상사 철불이 돌아앉아 울다 웃다 번진 후불탱화 후광처럼 공중에 가득하고 수구초심에 고향 어귀를 서성이는 이들은 당산나무 주위 그림자를 밟으며 맴돌 때 달빛을 더하여 발등 위를 밝히고 있겠다

여자만(汝自灣)1

 어서 자야 낼 일은 내일 생각허고 없는 돈이 하늘에서 똑 떨어지는 것이 아닝께 학비는 하늘이 무너져도 낼 것인께 그리 알어

 개다리소반에 풀어놓은 좀먹은 콩을 골라내는 겨울밤이었을 겁니다 천지가 구분되지 않을 정도로 눈이 오는데 아랫목 뜨끈한 것이 복수초 뿌리 같습니다

 허기진 가족의 지난한 이야기들이 메주로 윗목 모로 쓰러져 숙성되고 한쪽에는 콩나물시루에 물 떨어지는 소리가 무겁습니다

 구멍 난 창호에 달빛이 들어서자 바람을 등지고 바닷물이 가득 차오르고 있었습니다

별래무양

   차 한 잔 우릴 시간에 멍울이 틔웠습니다 한해살이 풀도 기운이 돌고 떠나간 사람들도 도달이 쑥국 끓을 무렵이면 돌아올 테고 나는 보리밭을 지치는 하늬바람 타고 오르는 아아 보고 싶습니다 아침에 된장국 끓는 위로 보리싹 한 줌 넣고서 살아오는 기억처럼 눈물 삼키며 한 숟갈 뜨고 나면 앞산 한 봉산 무덤 위 소나무에 매달려 풍경으로 울다 뚝 하고 떨어질 솔방울 몸을 부리듯 떠나가리니 별래무양하십시오

매미

 발품 팔던 달이 희연하게 웃음이 엷어질 때면 시린 겨울이 봄의 여문 꽃 멍울을 틔우고 있었습니다 누군가 깊은 사랑이 더디게 오고 있는 것이라 믿습니다 가다만 바람이 바다 위를 떠돌 때처럼 지리산 혼불 실상사 백일홍 나무 밑동 고치집 속에 숨어서 겨울 나고 봄 지나 울겠습니다 당신을 향한 기다림이 사랑으로 자라 목울대 되어 7년을 참았다 울겠습니다

여행

 괴테의 이탈리아 기행을 읽을 무렵이었습니다 아이들이 삽을 들고 눈사람을 만드는데 나는 목발 짚고 장독 위에 쌓인 눈을 모아 미니어처 눈사람을 만들었습니다 눈·코·입이 모호한 눈사람 한 줌의 기억에 녹아나는데 대포리 포구에 육탈했던 스님 게송 같은 바람이 고요합니다

하늘에 달이 두 개

　어머니를 배웅하고 나서 주검의 뒤를 묻지 않는다 그 후로 사람들에 대한 기대는 마음이 사라졌다 입은 침묵하게 되고 눈이 탁발을 도니 텅 빈 세상에 들리는 것은 많고 행하는 것은 고요하니 밖에 빗소리마저 고맙다 송광사 벌교 포교당 앞에 이른 새벽 종각에 그려진 탱화 속 달과 공중에 매달린 달을 향해 부모와 자식의 생을 떠올리던 그날로 돌아가고 있었다

어리굴젓

 끙 소리를 내며 어머니는 몸을 일으켰고 망태에 가득했던 굴은 이른 저녁이 되어서야 겨우 유리병 하나를 채웠다 담긴 굴 위에 켜켜이 소금 뿌리고 부뚜막 위에서 하루를 재우고 나면 다음 날 학교 갈 무렵 밥상 위에 양념한 생굴젓이 올라 있었다 다들 젓가락이 굴젓에 오가는 동안 어머니는 말없이 젓가락을 들고 망설이고 있었다

물때를 기다리며

 벼랑에 서서 아프게 웃지 마야 입춘이 낼 모래여 직벽의 단애 얼굴 삐죽 내밀고 꽃처럼 파안대소한 것이 작년 이맘때 물때 맞추어 바다의 길이 열리듯 매화 벙긋거리던 산청 어디쯤 공중에 차고 기우는 중에 네 등을 향해 발원하였으니 실상사 철불 앞 섣달 그믐밤 속으로 울던 여자만의 등을 밟고서 공중에 오르던 내 마음 살포시 웃다 만 그날이었제

겨울과 봄 사이

 선잠에 범문인 듯 "채비혔냐"는 소리에 헛기침하며 형은 아버지를 따라 산을 오릅니다 "그것 가지고 가면 돼야"라는 말에 정종 한 병과 마른 포를 검정 비닐봉지를 형은 열어 보이며 말없이 돌아서서 앞장선 아버지의 등을 따라 길을 나섭니다 남도에 청매가 가장 일찍 틔워 웃는 곳이 증조부 무덤이라고 아버지는 좋아하셨습니다 귓등으로도 안 들리는 아버지의 말에 쫓겨 형은 같이 간 개를 데리고 아버지보다 더 먼저 산을 내려섭니다 할아버지에게 인사는 제대로 했는지 모릅니다 무서웠을 것인디

대포리

 "초파일인디 등 하나 달라요" "몸 불편한데 굳이 단들" 하다 말고 "서운한디 달까?" 하고 먼 개펄에 썰 배를 지치고 나간다는 대포리 일몰을 등 지고 돌고 돌아오는 중에도 씨발놈의 이 길은 가도 가도 멀어야 혼잣말하던 어머니 머리에 이고 온 보리쌀 반 말을 마루에 부리는데 바람에 벼 누운 것처럼 주저앉은 머리카락 사이로 상처에 피맺힌 것이 개양귀비처럼 지금껏 선연합니다 갯내음이 싫어서 고향을 등진 지금 보고 싶을 때 대포리를 향해 마음이 먼저 갑니다 한참을 바다를 향해 섰다가 씨발 지지리도 볼 것 없는디 왜 자꾸 오는 거여

외눈박이

물 위에 쓰는 시가 되어가요 가슴에 고요가 들불 되어가요 그렇게 미쳐 타오르다가 선수 앞바다 이르러 미친 하늬바람 불 때 탄화미처럼 영혼 하나 홀씨 되어 날리는

허망한 바다를 향해 가요 가이없는 불편의 과거의 통점이 오늘에 이르러 더듬거리며 반추의 아상(我相)을 등 지고 적멸에 드는

지리산 들숨과 날숨이 그려낸 여자만 머리 위로 달로 떠서 엄니 졸아든 젖무덤 찾아서 가요

가피(加被)

　산 그늘이 품던 이야기가 일주문 계단 아래 해태 발치 끝에서 이끼처럼 숨어 태양의 비늘 하나를 찾고 있어지 물로 쓰던 아버지의 행장에 숨은 이야기를 늙은 어머니의 가슴팍에서 찾았지

　잣나무 가지를 놓친 청설모처럼 햇살이 사금파리처럼 나무 사이로 내려서며 숨은 그늘로 전도되는 우울감은 무더운 여름이었을 거야 장대비 지나간 계곡물 소리는 주인 없는 시간을 가르는 범문 소리는 후회의 허물도 없는 것을 이제야 알았네

3부

망아불(忘我佛)

  무심하게 들여다보던 물꽃이 정월 눈 쌓인 장독 위에 정화수 앞에 섰던 어머니 닮은 눈을 마주쳤다 지리산 품속에 사는 쌍계사 매화 벙긋 웃는 소식 전할 때 발등을 녹이는 지열에 깨어나던 복수초 필 때면 고향 집 처마 끝에서 약사여래 미소 고드름으로 녹고 있었네

초파일

 오늘도 맥문동 서럽게 섰네 부용산 능선에 부서지는 아난존자의 범문 아득한 꽃 두엇 여자만 머리 위를 떠도는 해풍에 눈이 부시고 각시투구꽃 짓찧은 즙을 먹고 드러누운 첫사랑 아득하니 밀물에 등을 보이며 떠나던 날이 증조부 기일이었네

여자만의 달과 지리산 칸타타

뭉크의 그림 속 그늘로 숨은 유년
병중(病中) 어머니 몸에서
떨어지는 벚꽃잎처럼 지고서

분당 낯선 공원묘지 위로 임재하는
산사(山寺)의 새벽 종소리

묵은 계절에 앉은 희억의 딱지
괭이가 되어 단단해질 때까지

슬픈 엄니의 눈이 더듬던
여자만의 달과 지리산 칸타타

녹동 박 선장(船檣)

해풍을 맞으며 덕장 등신불로 들어앉은
꾸득한 몸이 헤실거리며 웃고 있었다

파도를 타는 박 선장의 등이
검은 겨울나무를 닮았다

뒤척이는 기억이 풀썩거리며
일어서던 덤불 사이에
봄 고사리 기지개를 켤 때

한 사내를 따라나선
짝사랑하던 여인의 야반도주를
도와주었다

기억의 조사(徂謝)

 이녁이 쓸쓸하지만 않으면 되었네 지붕을 지탱하는 기둥에 기대어 하는 넋두리처럼 뱉는 한 사내의 말이 있었다 심고 가꾸어 철마다 꽃과 열매로 한 여인의 재미를 더했던 한 사내의 사랑이 깃든 노동의 숨이 이루어 낸 결이었다 어둠이 달을 토하고 별들의 산란을 지켜보며 시간의 흐름에 따라 흐르며 가족을 위해 발원하던 그 질곡의 세월을 견디며 한 사내의 등에 기대어 살았던 한 여자의 텅 빈 눈길을 바라보며 한 사내는 다시는 근육을 쓰지 않겠다는 결심을 한 것이다 얼마 뒤, 부부는 화상 병원을 향했고 각기 다른 요양원에 들어가 계절을 등지고 유명을 달리하는 날까지 서로 그리워하였다

한심한 날이면

작년 이맘때 들었던 멍 풀어지는 정월에 틔우는 매화꽃 아프겠다 천형의 슬픔을 신명으로 풀어내며 이승과 저승의 경계를 떠돌던 스무 살 아지랑이 모락거리는 정오의 시간 애기똥풀 길섶에 서서 비 맞아 눈물 뚝뚝 흘리는 불두화 고갯짓을 배우고 싶다

발목이 참 고운 하루

 발목이 참 고운 하루 목께까지 차오른 목울음에 치받아 부용산 발치 끝 그늘로 숨어 지냈다 유년에 꽃비 하염없던 날이면 어머니는 나 죽으면 어쩔래 하셨고 아버지는 마루턱에 앉아 그러는 어머니에게 엎으라고 했는데 안 엎어서 애 먹인다고 타박하고 나는 못 들은 척하며 소쩍새 소리에 눈물 매달고 잠이 들었지

행간(行間)

  억새 무리 지어 산 능선을 타고 하얗게 눈부실 무렵 빈산 돌아보며 어깨깃을 떨던 어머니 실치가 곤붕이 되어 몸 풀러 오듯이 외할아버지 소천은 여자만을 떠나 고흥만 인근 섬마을에 눈물이 닿아 맴돌고 있었다 정제에서 억새처럼 하염없이 쿨렁거리던 엄니의 등 뒤 닿는 눈길에 출렁이는 열넷의 나는 어머니 삶의 행간을 읽고 있었다

선서(善逝)

  장독 뒤 병풍처럼 서 있는 담장 아래 목단 무리져 곱습니다 한철 나비처럼 하늘거리다가 먼지로 소진되는 장자의 꿈같고 가없이 남은 시간을 견디다 고요할 죽음의 경계에서 진득한 설움 배인 불두화 머리 위로 죽비처럼 내리는 장대비에 망연자실하다가 묻습니다 장애도 불성이 있습니까

내리사랑

노루 벌의 물가에 새들이 물수제비 뜨듯이 지나치는데 눈길은 군에 간 아들이 있을 하늘을 더듬고 마음은 때 되어 떠난 아버지의 상(像)에 사무친다

달마중

  산 허리춤을 열면 왕벚나무 바람에 매달린 철이 지난 진눈깨비를 보았습니다 깨금발로 서서 몸 냄새를 느끼던 발그레한 당신의 볼을 쓰다듬고 싶었습니다 갈 때마다 실상사 마당에 봄비는 숲속에 깃들어 발자국을 지우고 산비둘기 소리로 울고

  이른 강기슭을 더듬던 버들치 서글프게 뻐끔거리며 묵은 엄니의 잔기침처럼 결을 만듭니다 모질게 돌아서지 못하는 것들은 수양버들처럼 허리를 굽혀서 강 밑을 더듬고 속 깊은 강물에 깃들어 사는 세상은 아직 묵언 수행 중입니다

  지리산에서 자락에 해 지난 장맛비에 죽은 여류시인의 혼령이 넌출 거리는 보리밭 머리 위를 지나칠 때 다들 누군가의 가슴에 살포시 한길 하나를 내는데 나는 아궁이 속을 살피며 잔솔에 불 댕겨 군불을 지피고 있습니다

  헛헛한 오늘은 누군가 허공을 밟고 목전에 이를 것 같습니다

염분(鹽分)

   바다에 염기가 사라져 습습해지면 가슴속 괭이 진 눈물이 풀어져 빈자리에 들어서겠지 꿈은 이지러진 달처럼 기울고 빈 배를 저어 하늘 언저리에 머물 때 어느 빙하 위에는 풍장 치른 나의 뼈가 퉁소 되어 울겠고 지워지는 기억들은 그 너머 깨어진 사금파리 같은 햇살 한 줌처럼 머물다 가겠지 오르다 만 삶은 서걱이는 오늘을 견디며 가물거리는 텅 빈 세상에 더딘 바람처럼 사랑이 일어서고 있었다

지리산

  아득한 하루가 애플망고처럼 웃는 날이었으면 좋겠습니다 누군가의 어깨깃을 견디는 망자의 숨길로 부는 휘파람 소리에 산기슭 늙은 억새 무리 지어 바람을 지칠 때 능선을 넘는 노을 이 없이 잇몸으로 씹는 헐거움이 다다른 시간대처럼 살아온 날 수를 더듬는 웅숭깊은 눈길 몸을 일으키는 낡은 부리와 발톱의 독수리 공중에 발자국을 지우며 날아도 방울 소리도 없이 산을 넘는 당나귀 앞에 한 사내가 길을 걷고 있습니다

메리 크리스마스 엄마

 어둑한 새벽 두 주먹 불끈 쥐고 나와 탁발을 도는데 바람 모진 날 기억을 더듬다 말고 바다에 이르니 풍장 치른 어머니가 계시네 칠성판에 누운 한 사람 밖에는 아버지의 무정함이 깃든 눈발은 날리고 고즈넉한 궤적의 시간대를 지나면 식초에 버무린 파래무침이 한쪽 눈을 감기네

 달도 숨는 날이면 배를 띄워 바다 가운데 허연 배를 뒤집는 고래가 일으키는 파도 벼리던 마음 같은 생을 내려놓고 싶은 적이 있었다 거리마다 크리스마스트리에 얹어진 전구들이 보내는 모스부호 피골이 상접한 나무에 '척'하니 대맹이처럼 매달려 웃는 포대 화상 같은 엄마 메리 크리스마스 엄마

소라게

　당신은 물꽃 틔우는 내 속의 피안 낮달을 등에 지고 갯바위 기슭에서 톳을 뜯고 계십니다 눈길을 옮겨 삿갓조개 얘기도 들으시고 되짚어 오는 바닷물에 미끄러워요 잠시 눈부신 기억을 놓으세요 지나치는 농어의 힘찬 소리도 들리고 잠잠이 수런거리는 마음 한쪽 귀퉁이는 무너져 인연을 놓습니다 어머니의 등에 짊어진 가족은 소라게 등 속 몸을 숨기고 한날 묵시의 파도 지나칠 때마다 멍든 가슴 풀어 놓을게요 홀연 풍장 치른 껍질만 남은 텅 빈 세상에 가도 가도 모래톱에 남겨진 얼은 발자국 하염없이 걷다 봄에 이르거든 물질하듯 자맥질하는 어머니

4부

살구꽃

 손톱 가에 티눈이 토해 놓은 낮달을 곱씹으며 켜켜이 쌓인 하루를 걷기만 했으니 겨드랑이에 소금꽃이 피고 맞닿은 목발에 살갗이 벗겨져 한 발짝 걸을 때마다 입술이 깨물리고 홍매처럼 입술이 부르터 오르면 집 들어가는 초입에 살구꽃향이 가득했었다

장 달이는 날

 아이고야 자꾸 깜박깜박하여서 어째야쓰까잉 어머니는 빈 바가지를 들고 서성이는 장독가 작심한 그날은 간장 달이기에 좋은 날이었다 아버지는 아궁이에 가마솥 올리고 장작에 불을 붙이고 나면 우리는 온몸이 발효되고 있었고 장마 끝 약간 맛이 간 간장을 달이고 맛을 바로 잡고 나면 가을이 뉘엿하게 들어서고 있었다

등대

 처마 끝 울다 내려앉은 어깨 쌓인 눈 발치 끝에서 녹고 울던 바람이 바다 위로 발길을 돌리고 공중에 몸을 부려 떠난 엄니가 남긴 소금 바다에 자맥질한다

 대포리 포구 앞 선술집에 수런거리던 사내들 찰랑대던 술병이 비어갈 무렵 늙은 선주는 바다를 향해 눈길을 주고 바다가 뒤집는 파도를 향해 배를 띄우고 등대는 망연자실 서서 발밑이 뜨듯해질 때까지 허공에 길을 내고 있었다

동백섬

　입술에 동백꽃 불그레 하게 피었다 섬을 향해 눈길만 주면 시선을 가로막던 물안개 그것이 가다 보면 피안의 첫사랑 한겨울 무량하게 이 고개를 주억거리며 울었네

　물끄러미 마주한 취기에 출렁이던 술병에 술이 마르도록 지나간 이야기에 온몸이 흔들릴 때 바다는 이른 봄을 게워내고 있었지

　돌이키는 발걸음이 멈춘 여수 부둣가 선술집 삿갓조개와 톳을 뜯어 된장에 버무린 국밥 한 그릇에 멍든 갯바위 저 밑동에서부터 풀어지고 있었네

화두 꼬리

  당신 눈길에서만 한해살이풀로 사는 나, 탱화 속에 살다 밖으로 나온 소를 타고 소를 찾아 나선 목동의 피리 소리 사계절로 살다 겨울과 봄 사이의 들불이 되어 일어서서 별들이 지나간 자리의 눈물자국에 눌린 놀란 꿈의 이삭을 주우며 장도(獐島)를 향해 간다

추도식

　엄니 무덤가 덤불 속 냉이가 기일 날 향처럼 피어난다 오선지 위에 시 한 줄이 넌출 거리고 얼마나 울었나 구운 대파 뿌리처럼 다디달다 부용산 참꽃 너럭바위 사이에 숨었고 그 뒤로 왕벚꽃 허리춤을 까자 바람이 설핏 웃는다고 머리 하얗게 센 삘기 꽃 같은 삶이 곱씹는 하루에 기대어 물끄러미 당신을 기억합니다

부질없이 비를 맞고 있었네

 천의무봉 붓끝 하늘을 향해 서 있고 겨울비에 물꽃 틔우듯 백매가 시절 없이 핀다 산문 밖 편백 숲에서는 물까치가 울고 부러진 편백 중간쯤 산비둘기 구구거리며 울 때 품더니 그예 궤적은 며칠 전 폭설에 다 덮였다가 기다리던 마음마저 빗물에 지워지고 있었네

겨울 산허리

 검은 눈동자 속으로 세차게 몸을 던지는 떠돌이별들에는 시간을 견뎌온 날 수만큼 짙어지는 등 뒤로 모진 마음이 젖은 눈꽃처럼 녹는다

 아야, 이제는 니도 그 짐을 내려놓거라 언제까지 들고 있다고 니 설움이 동굴처럼 으르렁거려 봐야 흔적도 없을 것이니 잦아든 바람처럼 기슭이 잠잠하다.

 그런 말 하지 마시오 그래도 나는 지나치던 여름 한쪽 귀퉁이 매미 소리처럼 울 테니 아직 이르지 않은 남은 시간을 저 노을처럼 타오르는 한 편의 시구(詩句)가 되어 지리산 칸타타로 울라요

마루에 걸터앉아

 마루턱에 앉아 제석산을 쳐다보며 낼은 학교 가야 하는디 바람처럼 내쉬는 한숨에 산을 오를 생각을 더하니 목발 짚는 겨드랑이가 쓰라렸다 아카시아 꽃향기 벌들 우는 소리가 하모니를 이룰 때 한낮에 고향을 등지고 싶었다

 오늘은 충만하냐 뭔 심술보가 그러냐 엄마 닮아 그러지 뭐 맨날 심술만 부리는 너 아베를 봐라 얼굴에 골골이 심술이제 나는 엄니를 닮았는디 글매 니가 나를 닮았다는디 왜 그리 좋은지 모르겠다 왠지 뜨거운 목울대가 잠기는 것을 감추려 방문을 닫는데 제석산에 낮달이 낭창거린다

시학(詩學)

  일자무식 우리 아버지가 하시는 말씀이 시는 작고 단단한 무로 삼삼하게 담근 싱건지 같아야 한다고 한 줄 행과 열이 목덜미를 타고 가슴까지 관통하는 시원한 동치미 한입 베어 물면 눈에 밟히는 수구초심(首丘初心) 서사가 드러나는 것이제 유년의 사철 마루에 둘러앉은 때 되면 도리 뱅뱅이 상에 엎드린 가족들이 한 끼 등 돌리면 향하는 텃밭을 더듬듯 군내 나는 삶의 또 다른 내일의 서사가 눈물이 핑 돌 때까지의 묵시의 서정(抒情) 몸을 드러내야제 니가 쓰는 시가 그랬으면 좋겠다

객담

  바다에 몸을 부리는 엄니 기침 소리는 살아온 날 수를 담은 풀리지 않는 울혈의 거담 당신 묻고 난 날로부터 밟히는 눈길마다 저도 모르게 이르는 바다 엄니의 품처럼 따듯했다 길섶에 떨어진 잔별들을 주우며 철마다 돋는 손맛의 기억에 잘 익은 어리굴젓처럼 살아오는 깊은 외로움일 것이니 아직 고향을 등진 적 없었다

세기말적 울음

　새가 가뭇한 하늘을 본다 새가 저어하던 하늘을 본다 새가 가끔 고단한 자기 발을 본다 자기발을 보던 새가 와락 꺼이꺼이 운다 놀라 쳐다보는 눈길 공중에 휘파람 소리로 운다 울다울다 휘파람 소리가 먼 새소리로 다시 운다 새소리로 울던 휘파람 몸을 부린 산 어둠 속에서 인광이 바스러져 개똥벌레처럼 무리 지어 흐르고 이제는 무덤도 없다 자애(慈愛)도 없고 양지(養志)도 없다 찾아오는 이도 찾아갈 사람도 없다 합법적으로 법정 대리인이 사인만 하면 된다

객지

 채신머리없는 겨울비가 진눈깨비를 품었다 바람의 등을 타고 봉창을 향해 얼핏 흔적만 남기고 떠나려던 참이었다

 이제는 치통에 씹지 못하던 밥알 돌이켜 보면 시린 생으로 태어나 연탄불 아궁이 옆 익어가던 굴젓처럼 좁은 방에서 가족이란 온기로 살았다

 이른 새벽 술을 깬 아버지가 드시던 끓는 숭늉에 달걀 풀은 미음의 통점(痛點)을 그 나이가 되어서 알게 되었다

청자(靑瓷)

  나의 사랑은 말라위 시클리드처럼 비 갠 숲속을 푸른 빛으로 허공에 유영하고 있었습니다 맬컴 쏜(Malcolm Thawne)의 인생사(人生史) 나의 사랑은 불온함을 띤 타란툴라의 일족 같았습니다 가끔 장도 앞바다에 머문 기억 속에서 코발트 광석을 연마하여 만든 진청색 타일은 바다가 하늘을 품어내듯이 페르시아産 그녀의 속살을 훔쳐보고 있었습니다. 하늘을 품고 흐르고 흘러 회회색(回回色) 이슬람 안료는 청잣빛으로 들어앉아 문갑 위에 자리를 잡았습니다.

여자만(汝自灣)2

　장도를 향해 가려면 여자만의 품에 안겨야 해 철부선을 타고 서서 마주한 너 그리 붉게 지면 나는 어쩐다냐 뻘낙지처럼 납작 엎드린 하루 허리 펼 사이도 없이 지는 황금빛 타는 니 모습에 나는 발등만 보고 운다 등허리에 불던 바람도 싸라기눈 한 줌 뿌리고 사라진 뒤 얼은 귓등 위로하지는 너의 한숨 소리는 포교당 종소리보다 크더니 지쳐 늘어진 오십 중반쯤 어깨는 삐그덕거리는 문의 장석처럼 슬프다 공중에 새소리로 우는 너의 하루가 서러우니

5부

달마중2

  가슴 밑이 소소리 바람을 일으키면 대포리 가요 뜨거운 눈물샘 근처에 일어나는 피안의 '여자만'의 노루 궁뎅이 닮은 섬 '장도'에 별똥별 줍다 보면 달이 차 바닷물이 차오르고 공중을 밟고 내려선 달빛 물 위로 걸어오는데 달맞이꽃처럼 고개를 쳐드는 텅 빈 눈길

님의 침묵

묵은 장독 걸터앉은 마루에 고사리를 다듬던 손등에 파인 골마다 송진처럼 묻어나는 인연의 신산 금강 하굿둑 겨울바람 울며 뉘엿한 산어귀를 지나는데 산그늘에 숨은 노을에 설핏 보이던 웃음 이제 볼 수 없으니 웃자란 쑥부쟁이 둔덕 너머에 달을 품고 졸졸 흐르는 개여울 같은 그 소리에 이른 선몽처럼 만날 수 있으니 묵언 수행이 두렵지 않습니다

경계

 사발에 물꽃 피었다 동짓날 마루 위를 지나는 고양이 발걸음 소리 그제야 잠 깨인 매화향 제석산 발치 끝에 철마다 점멸등처럼 깜빡이는 실치들의 회귀성 홀연 목을 꺾는 동백의 실족을 닮았다 죽을힘을 다해 쓰다가 이제는 간절함에도 이루지 못한 시인이 찰나의 적멸에 드는 시간대

등록금

　밥 한 숟가락 뜨시오 생각없네 아니 내 몸 상하요 뭔 상관인데 이녁이 아프면 한참 가서 안기러요 놔두고 이러다 말겠지 하는 사이에 한 학기가 지났다 망연자실이 그것이 다 달맞이꽃이 그러할까? 밥상머리 앞에서 아버지가 눈길을 피하는 사이 계절이 자맥질하고 꽃도 철없이 지나쳤다 공중에 범문처럼 우는 말이 가난은 나라님도 못 구한다는 것이 맞다

부고(訃告)

   가을 당산나무 복중(腹中) 애기탑이 숨긴 불상 같습니다 오늘 누군가는 인연의 끈을 놓는 저 손이 대지의 품으로 돌아가고 헛헛한 세상을 떠돌다 먼지로 내려앉을 때 고향이 그립지요?

   가늠할 수 없는 흉중의 자식은 더 하겠지요 포구에 부표처럼 펄럭이는데 한 편의 시가 끝이 보이지 않는 현현한 해저의 어둠 깃으로 가라앉고 있습니다

지리산

 씻은 바루처럼 하루를 떠돌다 목적 없는 눈길 공중에 머물다 머루 빛 구름 속으로 숨을 때 눈길 저편 노을이 마지막 불꽃을 틔우며 발화하고 있었다

 대봉이 발화점이 되어 나를 향한 회환을 밝히고 낡은 신발 뒤축에 머문 엄니의 눈에 밟혀 이승을 떠돌고 생기다 만 모과처럼 철마다 지리산 중턱에 몸을 부린다

단풍

 이녁은 산청쯤에 왔겠다 남명 선생의 서릿발 같은 서늘한 눈길도 보았고 은사시처럼 무리 지어 어깨를 기대며 산허리에 매인 노을을 보았으니 그것도 되었다 나도 더디지만 바람이 훑고 지나가는 것이 봉창에 들어서는 햇살에 보던 당신 발목 같아서 웃풍에 코끝이 쨍하네

자성(自省)

  흑야(黑夜)에 짐 지워진 운명에 저항하였다 마지막 저녁노을처럼 타오르며 부리를 갈았고 미노스 궁에 갇혀 달을 향해 달궈진 심장이 뛰며 입김을 내뱉고 날 선 뿔 같은 시를 품에 안았다

  눈뜨면 발치 끝을 흐르는 여자만의 물이랑에 눈이 부셨고 치맛단 사이로 발목을 드러낸 지리산을 사랑하였으니 그리운 것들은 다 물꽃처럼 틔워 봤으니 되었다

  하루를 견딘다는 것이 사랑이었음을 나이 육십을 향하고서 깨달았으니 늦지는 않았다

화엄

  도적놈은 달을 기다리지 않고 또한 담을 넘지 않는다 아는 범문을 말하지도 않으니 스님이 아니다 밖은 추적추적 비는 오는데 불법이 가물거리네 견디며 살아온 날 수만큼 유년에 포교당 스님 무릎 위에서 들은 게 다인데 아직도 일렁이는 여흥으로 남아 지나치는 연밭에 밝힌 연꽃 대만 봐도 오물거리며 내뱉지 못하는 화엄(華嚴)

장애인(障礙人)

　새벽에 만나는 백거이는 '참선'을 배우기 위해 자주 앉는다는 말을 하고 아직 여분의 생을 둔 나는 가끔 일어나 걷는 게 다인데 유유자적(悠悠自適)은 먼 나라 얘기다 하고 일어나는 것이 나를 얻는 그것보다 어려우니 텅 빈 세상에 마음을 만날 일이 적다

천석고황(泉石膏肓)

 병실에 앉아 처음 먹던 미음이 걱정도 즐거움도 없던 마음이라는 것을 배웠다 눈길에 밟히던 것들은 다 겨울 연꽃처럼 보이는 것이 병든 나를 그리는 화공이 돌아간 자리가 적멸보궁임을 아는 것이다 틈만 나면 전생의 빚을 더듬고 오늘을 반추하며 내일을 만지작거리다 보면 시 한 편 밥알처럼 구멍이 난 잇몸에 자리를 찾고 썩은 치석이 되어갈 즈음 이것이 천석고황(泉石膏肓)의 병과 무엇이 다르겠는가

시가 차오르지 않을 때

앉고 일어서는 것이 숨이 찬다 틈만 나면 그동안 시(詩)에 빚을 진 것이 얼마인가를 되물을 때 아직도 귀의(歸依)함이 없고 여태껏 애련(愛蓮)에 머물러 일승(一乘)을 향하니 가엾다 그러니 얼마나 시는 요원한가

하늘에 달이 두 개

 어머니를 배웅하고 나서 주검의 뒤를 묻지 않는다 그 후로 사람들에 대한 기대는 마음이 사라졌다 입은 침묵하게 되고 눈이 탁발을 도니 텅 빈 세상에 들리는 것은 많고 행하는 것은 고요하니 밖에 빗소리마저 고맙다 송광사 벌교 포교당 앞에 이른 새벽 종각에 그려진 탱화 속 달과 공중에 매달린 달을 향해 부모와 자식의 생을 떠올리던 그날로 돌아가고 있었다

싸라기 밥

 지친 소를 위해 쇠죽이라고 부르던 드레죽을 먹였습니다 하루 종일 산을 개간해 밭을 일구던 아버지도 다르지 않았습니다 어머니는 온종일 산을 개간하고 들어서는 아버지를 위해 싸라기에 수수와 보리쌀 한 줌을 섞어 밥을 지었습니다 젖은 아궁이에 잔솔이 타올라 불길을 일으키듯이 애나 어른이나 허기진 채 바라보는 곳에는 진한 가족애가 살아납니다 아버지는 저녁상을 물리며 입안을 헹구던 모습이 떠오릅니다 장마가 지나간 자리에 남은 유년의 지문 속에는 시절이 지우지 못하는 괭이 같은 슬픔이 유전하는 지문이 있었습니다

불이(不二)

약봉지 하나를 들고 기억을 되짚고 계시던 어머니를 지나쳤다 그때 수런거렸던 말들이 봄날 제비꽃처럼 선명하다 내가 그 나이가 된 것이다 서럽도록 뜨겁게 달군 달큼한 기억보다 행간이 뚜렷한 하루를 공중에 불립문자를 읽어내며 애간장이 녹는 속울음 참아내며 눈길 위에 망연자실 더듬고 섰다

■□ 해설

공(空) 사상의 시화(詩化)와 인연의 변증
- 박재홍 시집 『여자만의 달과 지리산 칸타타』

김종회(문학평론가, 한국디지털문인협회 회장)

1. 마침내 박재홍의 시가 도달한 자리

　이제껏 필자는 박재홍의 시에 대한 여러 편의 평문을 썼다. 그의 시는 외형의 치장이나 창작 형식의 기교 따위에는 관심이 없다. 자신이 당착한 시대와 사회, 그리고 자신의 운명과 삶의 방식에 대해 온몸으로 부딪치고 단도직입적으로 말한다. 그러나 그 언사는 매우 상징화되고 절제되어 있어서 유다른 주의를 기울이지 않고서는 판독하기 어렵다. 그의 세계는 불교적 세계관을 바탕에 두고 있으며, 특히 불교의 공(空) 사상과 연기설(緣起說)에 비중을 두고 있는 것으로 읽힌다. 이는 불교에서 현상계에 있는 사물의 이법(理法)을 설명하는 원리로서, 모든 존재는 인연의 화합으로 생멸하므로 그 본질이 무아(無我)이며 공이라는 것이다. 이 논의는 부처가 보리수 아래에서 얻은 깨달음에 연원을 두고 있다.

박재홍의 시적 세계관은 세상 모든 것이 인연으로 얽혀 있고 그 중심에 인간의 삶이 있는 것이며, 이는 고정불변의 관계성이 아니라 유동하고 변전하는 것이어서 현상의 표징으로는 인간의 본성을 추론할 수 없다는 데 중점이 있다. 그가 집중적으로 관찰하는 대상은 자신의 가족과 그 오랜 가족사이거나, 그로부터 말미암은 자신의 삶에 대한 운명론이었다. 그런데 거기에 정형적 원리가 작동하는 것이 아니며, 환경의 변화에 따라 인식의 모형을 탄력적으로 변증하는 것이었다. 그의 시가 때로 형이상학적으로 어려워지고 또 때로 운문의 관습을 떠나 산문시의 형용을 보이는 데는, 이와 같은 내포적 시 의식이 잠복해 있다 할 터이다.

그동안 필자가 공들여 읽은 박재홍의 시 가운데 『모성의 만다라』는, 인본주의의 정수(精髓)인 모성(母性)과 불교의 근본을 말하는 불화(佛畫) 만다라를 조화롭게 만나게 하고 동반 상승의 효과를 발양 하는 모습을 보여주었다.

만다라는 천 개의 손발과 얼굴을 가진 그림이지만, 이를 그가 궁구하는 공 사상에 대입해 보면 한 줄기 강한 모성의 관념과 다를 바가 없다. 그러기에 필자는 이 시집의 모성에 대해 다음과 같은 평설을 공여했다. "이는 삼라만상에 인격을 부여하는 첫걸음이요 본질과 현상의 상관성을 납득하는 세계 인식의 시발이며, 시를 쓰는 시인에게 있어서는 스스로의 세계관을 호활한 사상체계에 연접하는 계기로 작동할 수 있다. 박재홍에게 있어 그 구체적 실상의 이름이 모성이다."

다른 시집 『자복』에 있어서는 시인이 끈질기게 가족애, 가족사, 가족 간의 관계에 경도되어 있음을 볼 수 있었다. 가족은 그에게 가장 강력한 연기설의 실체였다. 『모성의 만다라』의 중심에 어머니가 있었다면, 『자복』의 중심에는 아버지가 있었다. 하지만 그의 공 사상이 이 부면에 도달하면, 아버지는 육신의 혈육을 넘어온 천지에 편만한 사람과 사물의 다른 이름으로 승급한다. 이에 대한 필자의 평설 가운데 한 대목은 이렇다. "그의 가족을 향한 뜨거운 지향성은 어쩌면 단속(斷續)의 지점이 없는 종교의 그것과 닮아 있다. 그의 종교는 무속이나 불교에 근접한 동양 정신의 원형을 가졌다." 그의 아버지와 그의 가족은 시인에게 존재

자아의 근원이며 그러기에 당초에는 모든 것의 생성 이전, 공의 자리에 있던 것이기도 하다.

또 다른 시집 『금강에 백석의 흰 당나귀가 지나갔다』는, 이제까지의 관념과 사상의 표현에 백석의 시적 이미지와 그것의 환경이 두르고 있는 분위기를 적극적으로 수용한 사례에 해당한다. 백석은 이 시집의 곳곳에 견고한 화소(話素)로 얼굴을 내민다. 백석이 사랑한 나타샤와 흰 당나귀는 우울한 시대의 불안과 공허를 표상하지만, 그 언어의 운용은 애상적이고 정갈하다. 그런데 그의 나타샤와 당나귀는 어떤 경우에도 시인이 미리 설정해 둔 의미의 방호벽을 넘지 않는다. 비어 있고 차 있음이 한 가지인 공 사상의 현현(顯現)이 동일한 흐름으로 연계된 까닭에서다. 이 여러 시적 질료(質料)들이 조화롭게 만나는 언어 융합의 도정(道程)이 그의 시 세계다.

이번 시집의 제목은 '여자만의 달과 지리산 칸타타'라는 좀 독특한 어법으로 되어 있다. 여자만(汝自灣)은 전남 여수의 섬 여자도를 중심으로 인근의 고흥군, 보성군, 순천시 등의 해역을 망라하는 이름이다. 여기에서의 달, 곧 해역과 달의 풍정(風情)을 한데 묶고 지리산과 칸타타 음악을 한데 묶었다. 칸타타는 17-18세기 바로크 시대에 이탈리아에서 발원하여 성행한 성악곡의 한 형식이다. 독창으로 부르는 아리아, 대사를 말하듯이 노래하는 러시타티브, 그리고 중창과 합창으로 이루어진 대규모의 악곡이다. 상징적인 축약이 기본인 시가 그 내면에 있어서는 세상살이의 여러 절목을 광범위하게 포괄하게 되리라 짐작하게 하는 명명(命名)이다.

2. 자아의 내면을 응시하는 시적 구도

시인에게 있어 내면적 자아란 그가 가지고 있는 사상과 감정, 경험과 가치관 등을 반영하는 심리적이고 철학적인 개념이다. 특히 이는 현실을 넘어서는 시인의 상상력을 통해 새로운 세계를 구현하는 동력을 이끌어낸다. 그 과정이 수월하지 않기에, 시인의 내면은 갈등과 고뇌를 동반하며 이러한 길항(拮抗)의 경과야말로 좋은 시를 산출하는 통로로 기능한다. 이 시집 1부의 시들은 이와 같은 측면에서 관찰하기에 유력한 장점을 가지고 있다. 「개운산 동화사 뒤꼍 동백림」은 '빈 수레를 끌고 가는 굽은 등의 사내'나 '동박새 혼령이 되어 탁발 떠나며' 우는 바람이 모두 시인의 내면적 자화상과 연관되어 있다.「그것이 뭐라고」에서는 시적 화자가 '켜켜이 쌓인 시업(詩業)을 망연자실하고' 있다. 문제는 이 고단한 내면적 자아에의 성찰을 회피하지 않고 정면으로 마주 서는 데 이 시인의 시적 중량이 개재(介在)해 있다는 사실이다.

노을을 등지고 선 당산나무 뒷짐을 진 채 빙긋이 웃고 정작 마주한 나의 서정(抒情)은 묵묵부답이었다 동안거(冬安居)와 하안거(夏安居)를 거듭할수록 탁발에 지친 노스님 바람 가득한 바랑처럼 자맥질하던 시(時)는 한 방울 이슬로 기화(氣化)되었고 별이 돋지 못하는 하늘이 되어 한 편의 시(詩)가 제 속으로 숨어들어 속으로만 울고 있었습니다

- 「노을의 소이부답(笑而不答)」

소이부답(笑而不答)은 이백의 시「답산중인(答山中人)」의 한 구절이다. 그다음 어휘가 심자한(心自閑)이니, 웃고 대답하지 아니하여 그 마음이 절로 한가롭다는 뜻이다. 시인은 이 부답의 주체를 노을로 설정했다. 그런데 웃는 것은 노을만이 아니다. 정작 '나'의 서정(抒情)은 묵묵부답인데, 당

산나무는 빙긋이 웃고 있다. 이 세상 밖의 뜬구름 같은 정황은 궁극적으로 시의 허망한 결말을 예비하고 있고, 마침내 시가 '제 속으로 숨어들어 속으로만 울고' 있다. 산문시 형식으로 된 이 한 편의 작품은 궁극적으로 시를 쓰는 일이 허망한 공의 세계를 뒤쫓는 일이며, 스스로 눈물지으며 자기 정체성 확인의 길을 찾아간다는 화두를 던진다. 이 시인에게 시는 세상을 응대하는 방략에 있어 하나의 답이면서도 답이 아닌 형국이다.

들어선 자리에 살다 간 이들이 보이지 않아 집 나간 자리마냥 허전할 것 같아도 들어선 마당에 망초 순 가득하여 하늘거리면 마음이 진자리보다는 머문 자리가 가득한 법이다

사람 사는 것이 다 그런 법이지 뭐 있간디 아득한 하루가 지쳐 어둠 깃에 들면 평상에 모깃불을 힘 삼아 찬물에 말은 보리밥과 젓갈 한 첨 집 마당 텃밭 한편 머물고 있던 고춧대에서 빌려 온 고추 두엇이면 허기진 서러움도 멈추던 유년의 이른 저녁의 일이다

〈

사물이 끝나자 아버지의 넋두리를 들었다 그곳은 괜찮으니 가난에 허기지지도 않고 몸도 아프지도 않고 애달프게 나를 쳐다보지 않아도 괜찮혀요 엄니 가시고 무너진 젖무덤처럼 기울은 지붕은 언제 갈지 모르지만 있는 동안은 고향 집에 두 분 쓰시던 물건을 내버려 둘라요

그 후로 아버지는 아득하여 가슴을 치고 울고 싶을 때 자전거를 타고 훌쩍 가서 서럽게 울다가 오는지 눈가에 눈물 자국도 못 여미고 눈자위는 여자만 바다 위로 썰물이 되어 빠져나가는 신산한 하루가 묻어 있었다

- 「살다 간 자리」

사람이 살다 간 집을 형상화한 시이면서, 동시에 그 내면에 있어서는 화자의 마음자리에 있다 떠나간 사람에의 애잔한 감상을 겹쳐 보인 시다. 그런 만큼 시적 주제의 내면화를 매우 잘 구사한다. 그러기에 '마음이 진자리보다는 머문 자리가 가득'하다고 했다. 이 광경은 화자의 유년 시절 '이른 저녁의 일'과 연동되어 있다. 거기 화자의 부모가 등장하고, '있는 동안은 고향 집에 두 분 쓰시던 물건을 내버려' 두겠다는 다짐을 한다. '눈가에 눈물 자국도 못 여민'

아버지의 눈자위에는 '여자만 바다 위로 썰물이 되어 빠져나가는 신산한 하루'가 묻어 있다. 살던 옛 자리에 대한 구체적 언술이 없이도, 추억과 상실에 대한 공감이 가슴을 저리게 하는 시다.

3. 서경에서 서사를 포괄한 의미 공간

 풍광을 담은 서경(敍景)에 이야기로서의 서사(敍事)를 대입하는 시 창작 방식은, 인류 문화사에 그 기원이 오래고 깊다. 이때 풍경의 선택은 실제 장소일 수도 있고 상상 속의 장소일 수도 있다. 여기에 이야기 속 인물이나 사건이 도입되면, 시는 중층적으로 구조화되고 그 층위가 다채로워진다. 동시에 은유와 상징의 기량이 결부되어 감정의 발화를 도출한다. 이 시집 2부의 시들에서는 이러한 창작기법을 주목해 볼 만하다. 아예 제목 자체가 「서사(敍事)」라는 시는 산, 들, 강, 바다와 산모퉁이 풍경을 순차적으로 소환하면서 '열아홉 분을 삭일 수' 없는 '너'를 이야기한다. 「가피(加被)」는 부처나 보살이 자비를 베풀어 중생을 이롭게 한다는 불교적 의미를 산 그늘, 일주문 계단, 청설모, 장대비 지나간 계곡물 등의 여러 상관물을 동원하여 발설한다.

온 동네가 눈에 갇힌 적이 있었다 매일 그곳에서 내 이름이 불리는 검은 이야기에 관한 꿈을 꾸었다

지리산 그늘에 숨은 혼령들 구술로만 떠도는 풀숲 위로 하얗게 부서진 달 분가루처럼 날리는 이야기 몽글몽글 피어나는 아지랑이 봄

누가 부르는지 모르는 노래가 산 아래를 향해 스노우보드처럼 내려선다 그럴 때마다 슈베르트 마왕의 서사가 깃들고

유년의 기억 속 노을은 진양조장단으로 능선을 타고 휘적이며 걸을 때 취한 아버지에게서 불콰한 술의 취향 전해졌습니다

등록금 고지서에 꺽꺽 막혔던 목울대가 풀리며 열네 살 나는 축 늘어진 아버지의 옷을 벗기고는 했다

- 「산방(山房)」

  시의 서두에 '온 동네가 눈에 갇힌 적'의 풍경을 연상하게 하고 그곳에서 '내 이름이 불리는 검은 이야기에 관한 꿈'을 매설한다. '누가 부르는지 모르는 노래'가 세력을 얻은 다음 '슈베르트 마왕의 서사'가 깃든다. 취한 아버지의 '불콰한 술의 취향'이나 '등록금 고지서에 꺽꺽 막혔던 목울대'가 어떻게 시의 제목 '산방(山房)'과 연대하게 되는지 주목할 필요가 있다. 우리가 전제한 서경과 서사의 영역 허물기가 그 역할을 하고 있기 때문이다. 더욱이 그것이 '유년의 기억 속 노을'과 같은 배경을 갖고 있다면, 이해가 한결 쉽다. 이 시인은 이와 같은 시적 소재의 요목들을 전방위적으로 적절하게 활용한다. 뿐만 아니라 그것들이 시 속에서 제각각의 역할을 하도록 일정한 지위를 배정하는 데 능숙하다.

    어머니를 배웅하고 나서 주검의 뒤를 묻지 않는다 그 후로 사람들에 대한 기대는 마음이 사라졌다 입은 침묵하게 되고 눈이 탁발을 도니 텅 빈 세상에 들리는 것은 많고 행하는 것은 고요하니 밖에 빗소리마저 고맙다 송광

사 벌교 포교당 앞에 이른 새벽 종각에 그려진 탱화 속
달과 공중에 매달린 달을 향해 부모와 자식의 생을 떠올
리던 그날로 돌아가고 있었다

- 「하늘에 달이 두 개」

  하늘에 달이 두 개라면, 우선 시 가운데서 그 정보를 찾는 일이 우선이다. 한꺼번에 여러 개의 달을 볼 수 있는 경포대의 달이 아니라면, 여기 이 시인의 인도를 따를 수밖에 없다. 시인은 '송광사 벌교 포교당 앞에 이른 새벽 종각에 그려진 탱화 속 달'과 '공중에 매달린 달'을 제시하고 '부모와 자식의 생을 떠올리던 그날'을 환기한다. 이 양자는 우리 삶의 두 측면에 비견된다. 입은 침묵하게 되고 눈이 탁발을 도는 상황이다. '텅 빈 세상에 들리는 것은 많고 행하는 것은 고요하니' 공과 만(滿)의 세상이 둘이면서 하나다. 시인은 이를 두 개의 달로 분화하여 표현하면서, 결국에는 그 둘이 서로 다르지 않다고 치부하는 것 같다. 사정이 그러하자 '밖에 빗소리마저' 고마운 것이다.

4. 삶의 극점을 예표한 지형과 상관물

시인에게 있어 삶의 극한 순간과 질곡(桎梏)을 자연적인 지형과 비교하는 일은 쉽사리 볼 수 있는 흔한 창작 유형이다. 예컨대 평야와 언덕, 산과 협곡, 숲과 사막 등의 지형이 여러 요목에서 객관적 상관물로 활용되어 시의 효용성을 증진할 수 있다. 이 시집의 3부에서 여자만이나 지리산과 같은 중점적인 위상을 가진 지형은 더욱 그렇다. 박재홍은 이러한 시의 문법을 익숙하게 알고 있으며, 자기 주변의 모든 지형과 풍물을 중심 주제에 적합하도록 유입한다. 「행간(行間)」에서는 '여자만을 떠나 고흥만 인근 섬마을'의 풍취와 '어머니 삶의 행간'을 결부하고 있다. 「달마중」에서는 '산 허리춤 왕벚나무'와 '이른 강기슭'을 거쳐 지리산 자락에 이르는 여러 경관을 배열한 다음, '허공을 밟고 목전에 이를' 누군가를 기다린다.

뭉크의 그림 속 그늘로 숨은 유년

병중(病中) 어머니 몸에서

떨어지는 벚꽃잎처럼 지고서

〈

분당 낯선 공원묘지 위로 임재하는

산사(山寺)의 새벽 종소리

묵은 계절에 앉은 희억의 딱지

꽹이가 되어 단단해질 때까지

슬픈 엄니의 눈이 더듬던

여자만의 달과 지리산 칸타타

　　　　　　　－「여자만의 달과 지리산 칸타타」

　이 시집 전반을 통틀어 여자만과 지리산은 하나의 모티브(Motive)이자 모티트(Motif)이다. 이 시에서 화자의 유년은 '병중(病中) 어머니의 몸'과 병렬되어 있으며, 그러다가 문득 낯선 공동묘지가 있는 '산사(山寺)의 새벽 종소리'를 불러낸다. 이 모두는 결국 '슬픈 엄니의 눈'과 상관되어 있고, 그 연장 선상에 시인의 지속적인 탐구 대상인 '여자만의 달과 지리산 칸타타'가 펼쳐져 있다. 이 산과 바다의 이름은 시인이 살아온 생애의 족적을 담고 있는 뒷그림의 총체적 호명이다. 그것이 한순간의 지엽적인 문제가 아니기에, 시인은 이를 두고 세세한 설명을 부가하지 않는다. 말없이 전달하고 대답이 없어도 수용되었으리라 믿는 심리적 기저에는, 그가 공들여 쌓아온 공 사상이 잠복해 있다.

> 당신은 물꽃 틔우는 내 속의 피안 낮달을 등에 지고 갯바위 기슭에서 톳을 뜯고 계십니다 눈길을 옮겨 삿갓조개 얘기도 들으시고 되짚어 오는 바닷물에 미끄러워요 잠시 눈부신 기억을 놓으세요 지나치는 농어의 힘찬 소리도 들리고 잠잠이 수런거리는 마음 한쪽 귀퉁이는 무너져 인연을 놓습니다 어머니의 등에 짊어진 가족은 소라게 등 속 몸을 숨기고 한날 묵시의 파도 지나칠 때마다 멍든 가슴 풀어 놓을게요 홀연 풍장 치른 껍질만 남은 텅 빈 세상에 가도 가도 모래톱에 남겨진 얼은 발자국 하염없이 걷다 봄에 이르거든 물질하듯 자맥질하는 어머니
>
> - 「소라게」

「소라게」에 떠오른 어머니의 이미지는 화자의 존재 이유이자 존재 양식이다. 그 어머니를 시의 지평에 떠오르게 하기 위해 시인이 선택한 매개체가 곧 소라게다. 이 작은 생명과 집의 의미망에 자신이 안고 있는 어머니의 삶을 담았다. '낮달을 등에 지고 갯바위 기슭에서 톳을 뜯고' 있던 어

머니, 어머니가 등에 짊어진 가족은 소라게 등 속에 몸을 숨긴 것 같은 형상이 된다. 겨울 지나 봄이 되도록, 다시 말하면 사시사철 언제나 어머니의 '물질하듯 자맥질하는' 수고는 그칠 날이 없다. 세상의 어느 어머니인들 가족과 자식을 위해 제 한 몸을 희생하지 않으랴마는, 여기 소라게의 어머니는 시인이 목도한 혈육의 실상이요 그래서 잊지 못하는 시간의 각인이 되었다.

5. 가족사의 비의와 시적 치환의 방식

가족사는 대체로 그 구성원 이외의 누군가에게는 은밀한 이야기이며, 이를 시적 담론으로 치환할 때 그 사건이나 감정을 은유 또는 비유를 통해 나타낸다. 예컨대 아버지의 엄격함을 '강철의 벽'으로, 어머니의 희생을 '불타는 촛불'로 표현할 수 있다. 그것이 가족의 '사(史)'가 되기 위해서는 시간의 흐름과 그에 따른 변화를 동시에 강조하게 된다. 이 시집의 4부에 수록된 시들은 그러한 요소들을 눈여겨보게 한다. 「시학」에서 '일자무식 우리 아버지'가 시에 대해 동치미를 예로 들며 설명하는 그 언저리에, 유년의 마루에 끼니를 나누는 가족들의 그림자가 있다. 「객담」에서는 '엄마 기침 소리'를 상기하며, 그 어머니가 '잘 익은 어리굴젓처럼 살아온' 지난날을 반추한다.

> 처마 끝 울다 내려앉은 어깨 쌓인 눈 발치 끝에서 녹고 울던 바람이 바다 위로 발길을 돌리고 공중에 몸을 부려 떠난 엄마가 남긴 소금 바다에 자맥질한다
>
> 대포리 포구 앞 선술집에 수런거리던 사내들 찰랑대던 술병이 비어갈 무렵 늙은 선주는 바다를 향해 눈길을 주고 바다가 뒤집는 파도를 향해 배를 띄우고 등대는 망연자실 서서 발밑이 뜨듯해질 때까지 허공에 길을 내고 있었다
>
> － 「등대」

「등대」는 '공중에 몸을 부려 떠난 엄마'를 그린 시다. 어머니의 서사에 이르기까지 '처마 끝 울다 내려앉은 어깨 쌓인 눈'이 있고 '울던 바람이 바다 위로 발길을 돌리는' 사정도 있다. 모두 만만치 않은 삶의 고난과 역경을 암시한다. 시의 제목이 된 등대는 그 소금 바다의 자맥질을 내려다보

는 곳에 서 있다. 이 모든 묘사와 서술은 화자의 어머니를 조명하기 위한 장치인 셈이다. 여기에 대포리 포구 선술집의 사내들과 바다를 향해 눈길을 주는 늙은 선주도 얼굴을 내민다. 그와 같은 와중에 파도치는 바다에 배가 뜨고, 등대는 망연자실 서서 허공의 길을 낸다. 겉보기에 요령부득인 이 시적 언술들은 결국 신산(辛酸)했던 어머니의 삶에 대한 기억이 된다.

  채신머리없는 겨울비가 진눈깨비를 품었다 바람에 등을 타고 봉창을 향해 얼핏 흔적만 남기고 떠나려던 참이었다

  이제는 치통에 씹지 못하던 밥알 돌이켜 보면 시린 생으로 태어나 연탄불 아궁이 옆 익어가던 굴젓처럼 좁은 방에서 가족이란 온기로 살았다

  이른 새벽 술을 깬 아버지가 드시던 끓는 숭늉에 달걀 풀은 미음의 통점(痛點)을 그 나이가 되어서 알게 되었다
                - 「객지」

「객지」는 화자 가족이 지나온 과거 한 시점의 형편을 그림처럼 풀어 보이는 시다. 겨울비가 진눈깨비를 품었다가 봉창에 얼핏 흔적만 남기고 떠나려던 참의 이야기다. 시린 생으로 태어나 좁은 방에서 '가족이란 온기'로 살던 날들이 시의 중심으로 진입해 왔다. 그 시기 이른 새벽에 술을 깬 아버지의 '숭늉에 달걀 풀은 미음의 통점(痛點)'을, '그 나이가 되어서' 알게 되었으니 시의 현재로부터 한참 세월이 경과한 다음이다. 아버지의 통점이 비단 아버지만의 것일 리 없다. 피부 어느 곳에 아픔을 느끼는 부위를 통점이라 한다면, 화자에게나 또 다른 가족에게나 그 지점이 동일하게 존재했을 것이다. 그리고 그와 같은 아픔의 공유를 통해 친인(親姻)의 유대가 깊어졌을 것이 분명하다.

6. 운명적인 인연과 시적 변환의 모형

한평생을 살아가는 동안에 운명론적 인연이 있다면, 그것은 사람들 간의 관계나 만남이 우연이 아니라 필연적으로 예비 되어 있다는 믿음을 뒷받침한다. 이러한 사유(思惟)는 동서양을 막론하고 여러 철학적 종교적 사상에서 발견되며, 특히 박재홍이 자기 시의 기반에 두고 있는 불교 사상에서는 매우 중요한 개념으로 받아들여진다. 그에 대한 자각은 명상과 성찰, 교육과 체험 등 여러 경로로 도출될 수 있다. 이 시집의 5부에서 만나는 박재홍의 시는 그러한 자각에 이르는 매우 강력하고 효과적인 시도다. 어쩌면 그것이 그가 시를 쓰는 이유 중에서 가장 오른쪽으로 나설 순번인지도 모른다. 「부고(訃告)」는 생명현상의 경계를 넘어가는 이와의 이별을 시의 산출로 변환한다. 「단풍」은 '이녁'과 '나'의 존재를 대비해 보이면서, '햇살에 보던 당신 발목' 같다는 은유를 원용하여 그 관계성을 부드럽게 그리고 단단하게 조형했다.

흑야(黑夜)에 짐 지워진 운명에 저항하였다 마지막 저녁노을처럼 타오르며 부리를 갈았고 미노스 궁에 갇혀 달을 향해 달궈진 심장이 뛰며 입김을 내뱉고 낯선 뿔 같은 시를 품에 안았다

눈뜨면 발치 끝을 흐르는 여자만의 물이랑에 눈이 부셨고 치맛단 사이로 발목을 드러낸 지리산을 사랑하였으니 그리운 것들은 다 물꽃처럼 틔워 봤으니 되었다

〈

　하루를 견딘다는 것이 사랑이었음을 나이 육십을 향
하고서 깨달았으니 늦지는 않았다

- 「자성(自省)」

　이 시에서는 흑야(黑夜)에 만난 운명에 저항하였고, 종국에는 '날 선 뿔 같은 시'를 품에 안았다고 진술한다. 그렇게 시의 날카로움을 수납한 이후 여자만의 물이랑에 눈이 부셨고, 치맛단 사이로 발목을 드러낸 지리산을 사랑하였다는 것이다. 이처럼 분명한 자기 확신을 가진 시인이 되는 일, '그리운 것들은 다 물꽃처럼 틔워 보는' 시인이 되는 일은. 그가 만난 가장 운명적인 대상과의 조우(遭遇)라 해도 무방할 것이다. 그렇게 '나이 육십'을 향하는 시인이 되었을 때. '하루를 견딘다는 것이 사랑'이었음을 깨달았으니 늦지는 않았다고 스스로를 위무(慰撫)한다. 시인이 자신의 시적 행로에서 운명론적 순간을 맞지 못했다면, 그 또한 불행한 사태가 아닐 수 없다. 그런 점에서 '자성(自省)'은 사뭇 적절한 주제다.

　병실에 앉아 처음 먹던 미음이 걱정도 즐거움도 없던

마음이라는 것을 배웠다 눈길에 밟히던 것들은 다 겨울 연꽃처럼 보이는 것이 병든 나를 그리는 화공이 돌아간 자리가 적멸보궁임을 아는 것이 다 틈만 나면 전생의 빚을 더듬고 오늘을 반추하며 내일을 만지작거리다 보면 시 한 편 밥알처럼 구멍이 난 잇몸에 자리를 찾고 썩은 치석이 되어갈 즈음 이것이 천석고황(泉石膏肓)의 병과 무엇이 다르겠는가

- 「천석고황(泉石膏肓)」

이 시의 제목 '천석고황(泉石膏肓)'은 산수를 즐기고 사랑하는 것이 정도에 지나쳐 마치 고치기 어려운 병과 같음을 이르는 말이다. 사정이 이러하다면 시인이 시를 사랑하여 그 외의 일을 등한시한다면, 이 어법에 비견할 수 있는 실정이 된다. 시의 화자는 병실에 앉아 마음을 먹고 있다. 그 마음에서 마음을 발견하고 눈에 밟히던 것들이 다 겨울 연꽃처럼 보이는 새로운 개안(開眼)의 지경에 진입했다. 그 와중에 남은 것이 '시 한 편'이고 보면, 앞서 설명한 천석고황의 병이 지금 화자 자신의 병이다. 육신의 곤고함이 이 지경에 도달하고서 궁극적으로 남는 하나의 실체가 시라고 할 때, 이 시인과 시의 만남보다 운명적인 범례는 다시

찾기 어렵다.

지금까지 우리가 정성껏 고찰해 본 박재홍의 시 세계, 그리고 이번 시집 『여자만의 달과 지리산 칸타타』의 세계는, 여러 모양의 다층적 의미들을 끌어안고 있어서 과거와 같이 하나의 주제론적 시각 아래 단일화하여 살펴보기가 어려웠다. 그는 여전히 숙명의 굴레와도 같은 가족사의 담론을 끌어안고 있었고, 그 발화에 있어 운문시와 산문시의 경계를 넘나들고 있었다. 불교 사상의 공개념과 연기설을 시적 상념의 바탕에 깔고 있으면서, 여자만과 지리산 같은 자신이 익숙하게 경험한 공간을 병풍처럼 펼쳐 두었다. 이로써 그의 시는 정돈된 주제의 범주를 자유롭게 개방하는 새로운 경지를 보여주기도 했다. 앞으로 그의 시가 적층할 보다 진전된 의의와 또 지속적으로 열어갈 내일의 성과를 기대하며, 따뜻한 시선으로 지켜보는 것이 우리의 몫인 듯하다.